뚝딱뚝딱 인권 짓기 2

우리가 바꿀 수 있어!

인권교육센터 '들' 지음
윤정주 그림

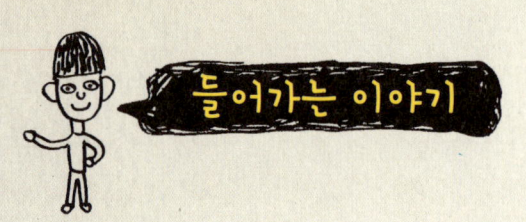

들어가는 이야기

뚝딱뚝딱, 우리 함께 인권을 지어요

"뚝딱뚝딱, 영차영차, 쿵쾅쿵쾅, 아자아자!"
도대체 무얼 하기에 이렇게 소란스러운 걸까요? 멋들어진 건물이라도 짓는 걸까요? 아니면 먼 별나라로 데려다 줄 커다란 우주선이라도 만드는 걸까요? 아니에요. 이 소리는 바로 인권을 짓는 소리, '인권 세상'을 만드는 힘찬 소리랍니다.

'인권을 짓는다고? 그런데 인권이 뭐지?' 하고 궁금해하는 친구들도 있을 거예요. 인권이란 사람이라면 누구나 마땅히 누려야 할 권리를 말해요. 누구에게도 내 생명을 함부로 짓밟히지 않고, 내 생각대로 말하고 행동하며, 혼자 힘으로는 이겨 내기 힘든 일이 닥치면 도움과 보살핌을 받을 수 있는 권리 말이에요.

하지만 인권은 우리가 가만히 있는데도 거저 주어지는 선물이 아니에요. 우리가 스스로 가꾸고 돌봐야 비로소 우리 것이 되지요. "인권아, 넌 누구니?" 하고 말을 건네고, "인권아, 같이 놀자!" 하고 손을 내밀고, "인권아, 나랑 친구 하자." 하고 다가가야 비로소 우리와 함께 숨 쉴 수 있답니다.

그런데 인권과 친구가 되려면 우선 인권이 무엇인지부터 알아야겠지요? 이 책이 그 길잡이가 될 거예요. 이 책에 실린 이야기는 우리 주변과 우리나라, 더 나아가 지구 곳곳에서 일어나는 여러 가지 인권 문제를 다루고 있어요. 건강, 교육, 노동, 놀이, 민주주의, 복지, 사생활 보호, 차별, 폭력, 평화, 환경……. 처음에는 '너무 어려운 이야기 아냐?' 하고 생각할 수도 있겠지만, 우리 주변에서 흔히 일어날 법한 일을 재미있는 글과 그림으로 풀어 놓아서 누구나 쉽게 읽을 수 있을 거예요.

인권 문제는 어른들에게만 일어나거나 먼 나라에서만 일어나는 일이 아니에요. 우리가 사는 집, 우리가 다니는 학교, 우리가 지나는 거리, 우리가 날마다 만나는 사람들 사이에서도 일어날 수 있어요. 우리 머릿속을 꽉꽉 채우고 있는 생각, 남에게 털어놓지 못하는 비밀, 고개를 갸웃거리게 하는 알쏭달쏭한 일들 속에도 인권 문제가 숨어 있어요.

이 책을 다 읽고 나면 인권이 무엇인지, 인권과 친구가 되려면 어떻게 해야 하는지 알게 될 거예요. 모든 사람들이 인권을 공기처럼 누리려면 우리나라와 세계가 어떻게 바뀌어야 하는지도 깨닫게 될 거예요.

이 책에는 인권 문제를 고민해 보고 자기 생각을 적을 수 있는 빈칸이 마련되어 있어요. 그냥 지나치지 말고 그때그때 떠오르는 생각을 적어 보세요. 다른 친구들은 어떻게 생각하는지 내 생각과 비교해 보는 것도 좋아요. 생각은 나누면 나눌수록 자라는 법이니까요.

어린이에게 선물할 책을 찾다가 이 책을 집어 든 어른도 있을 거예요. 그런 어른들은 어린이와 함께 이 책을 읽고 이야기를 나누었으면 해요. 책에 나온 것 같은 일이 우리 주위에서 일어나고 있지는 않는지 살펴보고, 인권을 해치는 나쁜 일이 계속되지 않도록 우리가 할 수 있는 일은 무엇인지 찾아보기도 하면서 말이에요.

이 책은 2005년에 처음 나온 《뚝딱뚝딱 인권 짓기》를 요즘 어린이들이 이해하기 쉬운 예시와 읽기 좋은 말투로 다듬어 다시 펴낸 책이랍니다. 아름다운 인권 세상을 만들려고 노력해 온 수많은 사람들 덕분에 세상이 조금씩 바뀌어 왔으니, 책에 담은 내용도 달라질 수밖에 없었지요.

하지만 예나 지금이나 바뀌지 않은 점들도 여전히 많이 있어요. 그래서 이 책을 읽고 난 뒤 우리 친구들의 생각이 성큼 자라고 인권과 더 가까워지면 좋겠어요. 더 많은 사람들이 인권과 친해지면 이 세상도 그만큼 아름다워질 테니까요. 앞으로도 더 많은 인권 이야기를 가지고 다시 찾아올게요.

2012년 2월
인권교육센터 '들'

차례

제1장 ··006
함께 참여하고 함께 만들어요
― 참여할 권리

제2장 ··026
아름다운 지구에서 살고 싶어요
― 깨끗한 환경에서 살아갈 권리

제3장 ··048
사회가 사람을 돌봐야 해요
― 사회 복지의 권리

068·· **제4장**
당신에게 평화가 함께하기를
― 평화롭게 살 권리

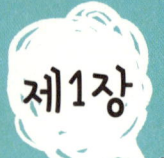 제1장

참여할 권리

함께 참여하고 함께 만들어요

우리의 대표를 뽑아요

민호네 엄마는 민호가 전교 회장이 되기를 바랍니다.

드디어 선거 유세하는 날.

우리 친구들도 대표를 뽑을 때 나한테 이익이 될까 봐, 아니면 나랑 친해서 투표한 적이 있나요? 만약 여러분이 전교 회장으로 출마한다면 어떤 공약을 내놓을 건가요?

투표 결과, 전교 회장에 하지혜, 부회장에 권민호가 당선되었습니다.

전교 어린이회가 열렸어요

그렇게 회의를 마쳤어요.

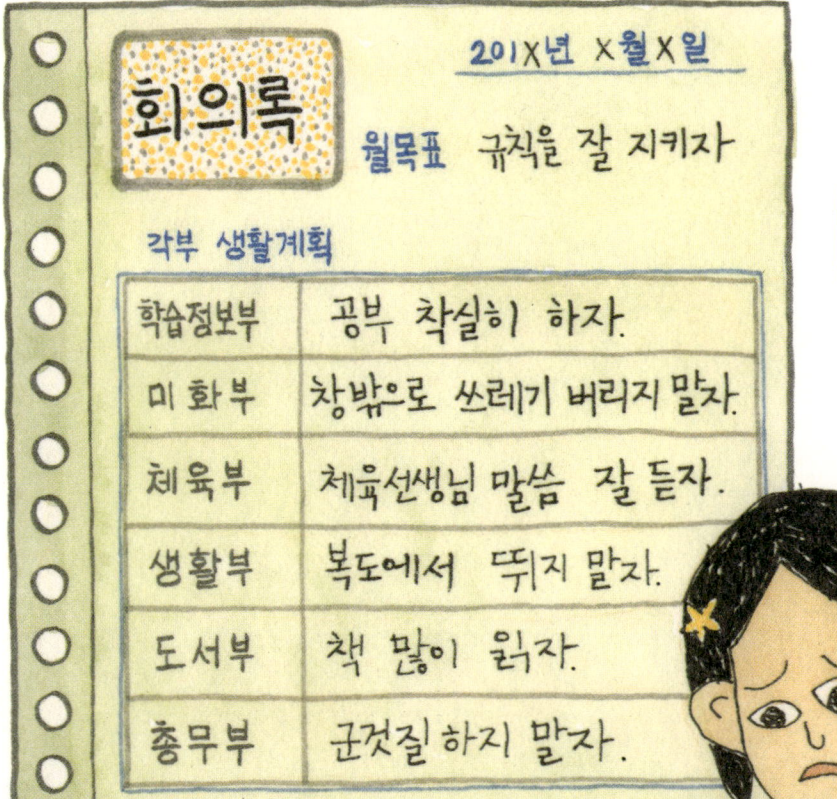

학교에서 대표들이 하는 일은?

학교에 전교 어린이회가 있고 각 반에 임원이 있는 까닭은 교장 선생님이나 다른 선생님들이 시키는 일을 대표로 하기 위해서가 아니에요. 학교는 여러 사람들이 함께 모여 지내는 곳이므로, 어떤 일에서건 서로 다른 의견이 생길 수 있어요. 이 의견들을 모으고 조율해서 가장 많은 사람들이 만족할 수 있는 결정을 끌어내는 것이 대표의 역할이지요. 또 학생들의 의견을 모아서 선생님께 전달하고 의논하는 역할도 해야 하고요.

대표 마음대로 하면 안 돼요

'민주주의'라는 말을 들어 본 적이 있나요? 민주주의는 한마디로 '국민이 나라의 주인'이라는 생각이에요. 그런데 사람들이 이런 생각을 갖게 된 건 그리 오래된 일이 아니에요. 왕이 나라를 다스리던 시절에는 왕이라는 자리가 하늘에서 정해 준 것이고, '왕의 말이 곧 법'이라고 생각했어요. 그러다 보니 모든 나랏일이 백성의 뜻과는 상관없이 왕과 귀족을 중심으로 돌아갔지요. 백성들이 어떻게 사는지는 관심도 없고 자기 욕심만 채우려는 왕과 귀족들 때문에 백성들만 고통을 받곤 했어요.

그래서 사람들은 점점 왕과 귀족이 모든 일을 결정하는 제도가 옳지 않다고 생각하게 되었어요. 더 나아가 국민이 있어야 국가도 있는 것이므로, 국가를 다스리는 사람들은 국민의 말에 귀를 기울이고 국민을 위해 일해야 한다고 주장했어요. 민주주의는 이러한 생각을 바탕으로 수많은 사람들이 목숨을 걸고 오랜 세월 싸워서 얻어 낸 것이랍니다.

학교뿐 아니라 나라에도 국민을 대신해서 일하는 사람들이 있어요. 바로 대통령과 국회 의원, 그리고 공무원 들이에요. 그중에서도 대통령과 국회 의원은 선거를 통해 뽑아요.

그런데 많은 국회 의원이나 대통령이 선거 때만 국민을 위하는 척하고, 당선되면 언제 그랬냐는 듯 시치미를 떼곤 해요. 권력을 이용해서 제 욕심을 채우라고 대표로 뽑아 놓은 게 아닌데 말이에요. 그렇다면 이렇게 선거를 통해 뽑은 대표자가 국민이 원하지 않는 잘못된 결정을 내릴 때, 우리는 어떻게 해야 할까요?

 # 누구나 참여할 수 있어요

국민이 뽑은 대표자가 국민의 뜻을 무시하고 마음대로 잘못된 결정을 내릴 때, 그 책임을 물어 대표자를 바꿀 수 있도록 하는 제도가 있어요. 바로 '국민 소환'과 '주민 소환'이라는 제도예요. 우리나라에서도 2007년부터 지방 자치 단체장이나 지방 의회 의원이 잘못된 정책을 펼쳤을 때 책임을 묻는 주민 소환제가 실시되고 있지요.

주민 소환이 이루어지는 과정

지방 선거나 국회 의원, 대통령 선거와 달리 주민 소환 투표는 평일에 이루어집니다.

시민들은 일하는 틈틈이 투표소에 달려와 자신의 권리를 행사합니다.

투표권자의 3분의 1 넘게 투표하지 않으면, 투표가 무효가 되어 개표를 하지 않게 됩니다.

시민의 3분의 1이 넘게 투표를 하고, 그중 절반 넘는 사람이 찬성을 하면 주민 소환이 이루어집니다.

"우리 시민의 권리를 우리 스스로 지켜 냈어! 이제 새로운 시장을 뽑자!"

이렇게 해서 시민의 뜻을 무시하는 대표자는 시민의 뜻에 따라 해임될 수 있습니다.

이렇게 시민들은 대표자가 지역을 위해 올바른 결정을 내리는지, 예산은 제대로 쓰는지, 또는 비리를 저지르지는 않는지 감시하기도 합니다.

 # 주민이 법을 만든다고?

나라의 법은 국회 의원이 만들고, 지방 자치 단체의 법인 '조례'는 지방 의회 의원들이 만듭니다. 하지만 어떤 경우에는 주민들이 직접 나서 조례를 만들자고 요구하기도 합니다.

학교 급식에 대한 기준이 제대로 마련되어 있지 않아서, 좋은 음식을 먹고 건강하게 자라야 할 어린이들이 식중독에 걸려 병원에 입원하는 일이 종종 일어나요.

많은 사람들이 학교 급식 조례안에 서명하여 지역 의회에 제출했어요.

몇몇 지역에서는 주민들이 내놓은 학교 급식 조례안이 지역 의회에서 통과되기도 했어요.

우리가 해야 할 일

국회나 지방 의회, 그리고 전교 어린이회는 누가 누구를 다스리기 위해 있는 것이 아니에요. 대표로 뽑힌 사람들은 모든 시민과 어린이의 입과 눈과 귀가 되어야 하지요. 그러려면 우리도 대표자가 하는 일에 관심을 가지고 지켜봐야 해요.

우리를 대표하는 사람들에게 요구하고 싶은 게 있다면 한번 적어 보세요.

전교 어린이회나 반 임원들에게……

국회 의원 같은 정치인들이
하는 일은 우리랑 상관없는 일이 절대 아니에요.
우리의 의견을 나라 살림과
지방 자치 살림에 반영하도록 요구하고,
계속해서 관심을 가지고 지켜봐야 해요.

국회 의원이나 지방 자치 단체장, 의원들에게……

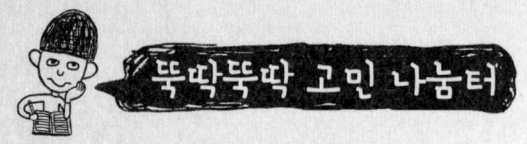

다수결로 정하면 다 따라야 하나요?

우리 반 학급 회의에서 이번 소풍을 어디로 갈지 같이 정했어요. 선생님이 우리가 가고 싶은 데로 가자고 하셨거든요. 그런데 어떤 애가 놀이동산으로 가자고 하니까, 반 친구들 대부분이 좋다고 박수 치면서 놀이동산으로 정했어요. 그런데 저는 놀이동산에 가기 싫어요. 1학기에도 갔고 작년에도 가서, 다른 데를 가 보고 싶거든요. 놀이 기구 타는 것도 재미없어요. 몸이 약하거나 무서워서 놀이 기구를 못 타는 친구도 있잖아요. 그런데도 정해진 거니까 무조건 따라야 하나요?
—이서진(5학년)

다수결은 여러 가지 의견이 있을 때 좀 더 많은 사람이 찬성하는 쪽으로 결론을 내는 의견 결정 방식이에요. 국회에서 중요한 결정을 내릴 때도, 학급 회의에서 결정을 내릴 때도, 친구들과 어울려 놀 때도 여러 사람의 의견을 따르곤 하지요. 누구 한 사람이 명령하면 말없이 모두 따르거나 몇 명이 모든 것을 일방적으로 결정하는 방식보다는, 여러 사람의 의견을 따르는 것, 즉 다수결이 더 민주적이라고 여기기 때문이에요. 그런데 다수가 찬성하는 의견이라고 늘 옳은 건 아니에요. 모두가 찬성했지만 그 결정을 나중에 후회하게 되는 일도 있지요. 그러니까 마지막 결정을 내리기 전에 여러 가지 측면을 잘 살펴보고 충분한 토론을 거쳐 지혜를 모으는 것이 중요해요. 그래야 잘못 판단할 가능성을 최대한 줄일 수 있으니까요. 결정을 내리는 방식도 중요하지만 결정을 내리는 과정도 중요하다는 얘기지요.

서진이 이야기를 들어 보니 여러 가지 의견을 꺼내 놓고 하나하나 충분히 따져 본 다음 소풍 장소를 결정하기보다는, 한 친구가 얘기를 꺼내자마자 몇몇 친구들이 찬성하니까 대부분 덩달아 박수를 치면서 결정이 된 거 같네요. 회의를 진행하는 친구가 차분히 다른 의견도 받아 보고, 여러 의견의 장단점을 따져 보는 과정을 거쳤으면 좋았을 텐데 말이지요. 이렇게 충분한 토론을 거쳐서 결정하면 자기 마음에 들지 않더라도 여러 사람이 내린 결정에 따르고 싶은 마음이 들 거예요.

또 서진이가 놀이동산이 왜 마음에 들지 않는지, 다른 데로 갈 경우 어떤 좋은 점이 있는지 이야기했다면, 친구들도 더 고민해 보고 소풍 장소를 정했을 거예요.

당장 좋은 생각이 떠오르지 않는다면 더 알아보고 난 뒤 결정을 할 수도 있었을 테고요. 민주주의가 꽃을 피우려면 충분한 토론을 거치면서 서로의 생각을 이해하고 더 좋은 방법을 찾아보려는 노력을 기울여야 해요. 혹시 소풍 가기 전까지 날짜가 좀 남아 있다면 다음 학급 회의에서 한 번 더 토론해 보면 어떨까요? 친구들에게 추천할 장소를 미리 알아보는 것도 잊지 말고요.

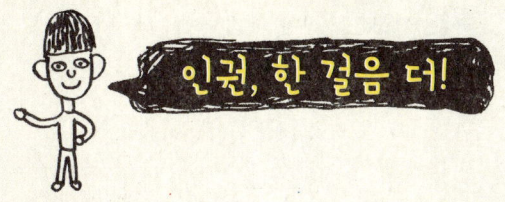

인권, 한 걸음 더!

어린이와 민주주의

우리나라에서는 만으로 열아홉 살이 되어야 선거에 참여할 권리도, 조례를 만드는 데 참여할 권리도, 지방 자치 단체장을 소환할 권리도 갖게 됩니다. 이렇게 어린이와 청소년에게는 정치에 참여할 길이 막혀 있다 보니, 어린이와 청소년을 위한 정책은 늘 뒷전으로 밀리곤 합니다. 어린이와 청소년도 세상과 정치가 어떻게 굴러가는지 좀처럼 관심을 갖기 어렵습니다. 나라마다 선거권을 갖게 되는 나이는 서로 다르지만, 점점 지금보다 어린 나이부터 선거권을 가질 수 있도록 바꾸어 가고 있습니다. 적게는 열여섯 살부터 선거권을 행사할 수 있도록 한 나라도 여럿입니다. 프랑스에서는 매년 어린이 의회가 열리는데, 어린이들이 제안한 법률안 중에서 최고로 뽑힌 법률안은 국회로 보내 법률이 될 수 있는 길을 열어 두었습니다. 그 밖에도 여러 방식으로 정부와 지방 자치 단체의 정책에 참여할 수 있는 길을 열어 두고 있지요. 어린이와 청소년도 정치에 참여할 권리를 인정하는 나라가 좀 더 민주적인 나라라고 볼 수 있겠지요?

제2장
깨끗한 환경에서 살아갈 권리

아름다운 지구에서 살고 싶어요

민수의 햄버거 여행

> 쇠고기 1kg = 옥수수 7kg?
> 쇠고기 1kg을 얻으려면 곡식 7kg이 필요해요. 쇠고기 1kg은 고작 네댓 명이 먹으면 그만이지만, 곡식 7kg이면 훨씬 많은 사람들이 배불리 먹을 수 있어요.

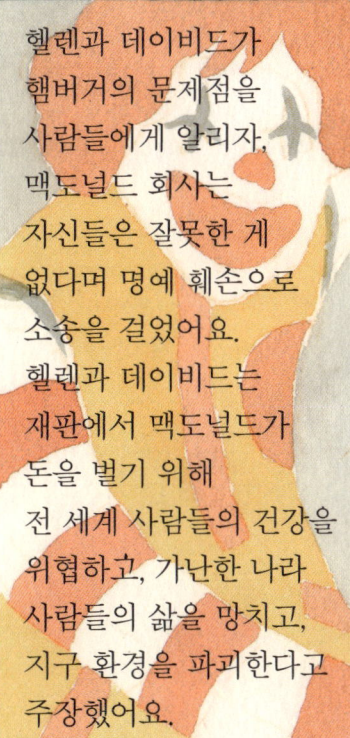

# 숨 쉬기도 힘들어요

 # 사람을 생각하지 않는 개발

우리가 날마다 먹는 음식과 숨 쉬는 공기는 모두 자연에서 온 것이지요. 우리는 자연을 떠나서는 하루도 살 수 없어요. 그런데 사람들이 좀 더 편리한 생활을 하기 위해, 또는 더 많은 이익을 얻기 위해 자연을 지나치게 개발하면서 곳곳에서 문제가 생겨나고 있어요. 사람을 위한 개발이 오히려 사람을 괴롭히는 꼴이 된 셈이에요. 특히 힘없고 가난한 사람들이 환경 파괴로 더 큰 괴로움을 겪고 있어요.

이 사람은 나이지리아 오고니 족 출신 작가인 '켄 사로위와'입니다.

나이지리아는 석유가 많이 나는 나라입니다. 나이지리아 독재 정부는 '쉘'이라는 다국적 기업과 함께 석유를 생산했지요.

그런데 이 회사는 석유만 뽑아 가고 뒤처리를 제대로 하지 않았어요. 그 바람에 석유를 생산하면서 생기는 폐기물이 물과 공기와 땅을 오염시켰지요.

오고니 주민들은 오염된 물과 공기 때문에 갖은 병에 시달렸어요. 농사도 잘 되지 않고 가축들도 죽어 나가는 바람에 결국 마을은 폐허가 되었지요.

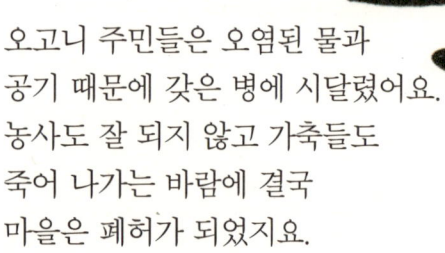

켄 아저씨는 정부와 석유 회사에 항의하며 평화적인 시위를 이어 나갔어요.

그러나 정부에서는 켄 아저씨에게 죄를 뒤집어씌우고 감옥에 가두었어요.

나이지리아 정부는 켄 아저씨를 석방하라는 국제 사회의 요구도 무시했어요.

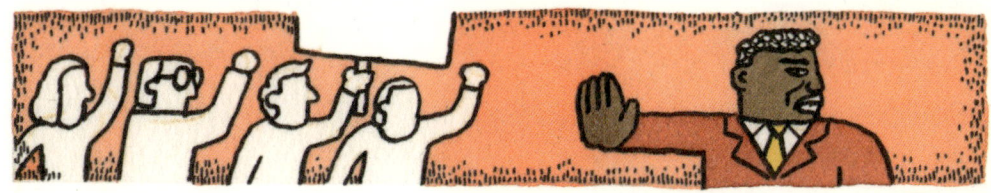

결국 켄 아저씨는 억울한 죽음을 당하고 말았어요. 주민을 괴롭히는 지역 개발을 반대하고, 기업과 정부가 이익만 챙기는 것이 나쁘다고 말했을 뿐인데요.

아름다운 지구에서 살고 싶어요 • 035

핵 발전은 위험해요!

지난 2003년 7월, 전라북도 부안에 있는 섬 위도에 핵 폐기장을 짓겠다는 발표가 나왔어요. 핵 폐기장은 핵 발전소*에서 전기를 생산할 때 나오는 폐기물을 따로 모아 놓는 곳이지요.

우리나라에는 모두 네 군데에 핵 발전소가 있어요.

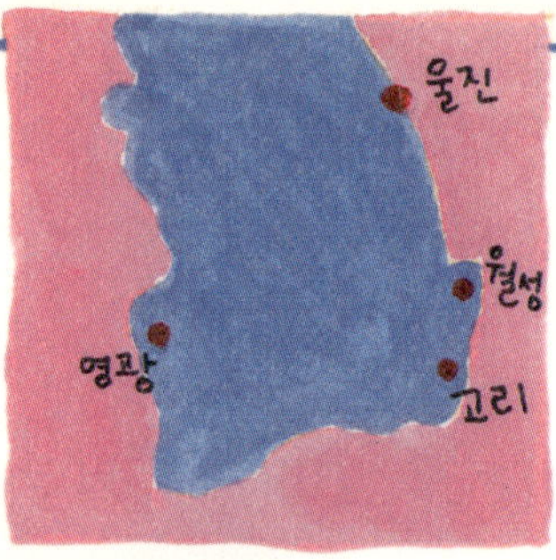

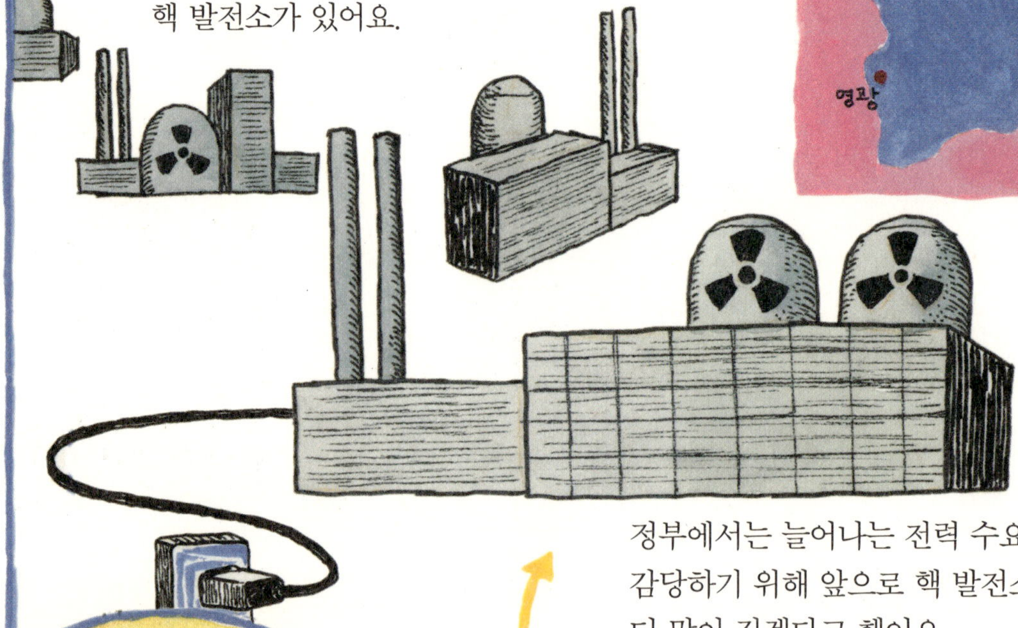

핵 발전소에서 만들어 내는 전기 에너지는 우리나라에서 한 해에 생산하는 전기의 35%나 된다고 해요.

정부에서는 늘어나는 전력 수요를 감당하기 위해 앞으로 핵 발전소를 더 많이 짓겠다고 했어요. 그만큼 핵폐기물도 늘어날 테니, 핵 폐기장도 더 지어야 하지요.

*핵 발전소를 흔히 '원자력 발전소'라고 합니다. 그러나 이 명칭은 핵의 위험성을 감추고 거부감을 줄이고자 쓰는 표현이라, 원래 영어 명칭인 'nuclear power plant'와 같이 '핵 발전소'로 쓰는 것이 맞는다는 주장도 있습니다. 이 책에서도 '핵 발전소'라고 쓰기로 합니다.

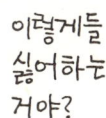

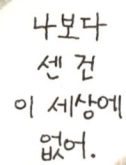

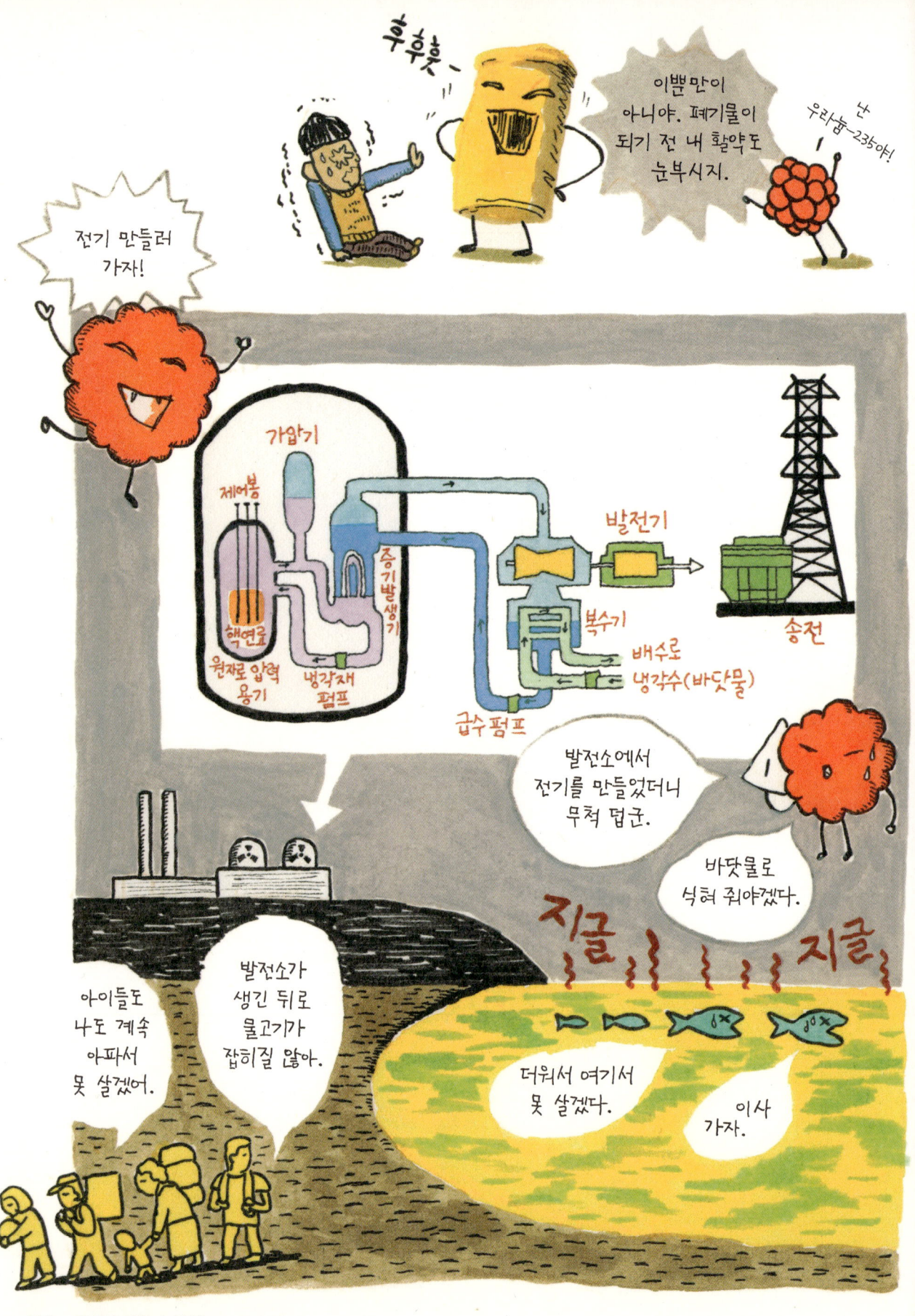

부안 주민들은 위험한 핵 발전은 줄여 나가고, 사람과 자연을 해치지 않는 대안 에너지를 만들어 쓰자고 주장했어요. 결국 부안에 핵 폐기장을 설치하는 것은 없던 일이 되었지요. 하지만 이미 쌓여 있는 핵폐기물을 처리할 곳이 필요했으므로, 지역 주민의 투표를 거쳐 유치 신청을 한 경북 경주에 핵 폐기장을 짓기로 결정했습니다.

2011년 일본 대지진으로 후쿠시마 핵 발전소에서 사고가 일어나면서 핵 발전의 위험성을 지적하는 목소리가 커지고 있어요. 하지만 여전히 우리나라에서는 적은 비용으로 손쉽게 전기를 생산할 수 있다는 이유로 핵 발전소를 계속 늘려 가고 있지요. 사고의 위험도 크고, 핵폐기물을 처리하는 데 더 많은 비용이 들 수도 있는데 말이에요.

 # 자연에서 에너지를 얻어요

풍력 발전 바람의 힘으로 발전기의 날개를 돌려 전기를 만들어요.

태양 발전 태양의 열이나 빛을 이용해서 전기를 만들어요.

유럽을 비롯한 세계 여러 나라들은 더는 핵 발전소를 짓지 않기로 결정했어요. 또 지금까지 전기를 만들어 내던 핵 발전소를 폐쇄하는 나라도 있지요. 그 대신 오염이 적은 자연 에너지를 개발하고 사용하려고 노력하고 있어요.

지열 발전 땅속에서 나오는 증기나 더운물로 전기를 만들어요.

파력 발전 파도의 움직임을 이용해서 전기를 만들어요.

이 밖에도 다양한 친환경 에너지를 개발하기 위해 많은 사람들이 연구를 계속하고 있습니다.

 깨끗한 환경에서 살 권리가 있어요

사람이 건강하게 살아가기 위해서는 맑은 물과 공기,
곡식이 잘 자랄 수 있는 땅 같은 깨끗한 자연 환경이 필요합니다.
깨끗한 환경에서 살아갈 권리도 다른 권리와 마찬가지로 돈이 많든 적든,
힘이 있든 없든 상관없이 사람이라면 누구나 누려야 할 기본권입니다.
소수의 이익을 위해, 또는 먼 미래를 내다보지 않고 당장 필요한 것을 얻기 위해,
환경을 파괴하고 위험한 물질을 만들어 내서는 안 됩니다.
특히 가난하고 힘없는 사람들을 오염된 환경으로 몰아넣는
개발은 막아야 합니다.

사람과 환경을 위해서 앞으로 어떤 에너지를 개발하면
좋을지 자유롭게 상상해서 적어 보세요.

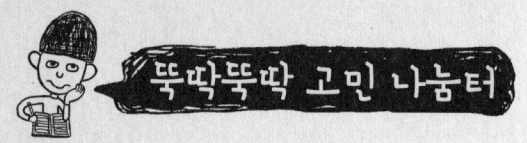

먹기 싫은데 억지로 먹어야 하나요?

우리 선생님은 급식 시간에 음식을 못 남기게 해요. 편식을 하면 안 된다면서요. 또 음식을 남기는 사람은 환경 오염의 주범이라고 하세요. 선생님 말씀이 틀린 건 아니지만, 그래도 먹기 싫은 음식을 억지로 먹으라는 건 싫어요. 학교 급식은 입에 잘 안 맞아서, 억지로 먹다 보면 속이 울렁거릴 때도 많아요. 먹기 싫은데 꼭 다 먹어야 하나요?

— 임주형(3학년)

선생님이 왜 음식을 남기지 말라고 하는지는 주형이도 잘 이해하고 있는 것 같네요. 선생님 말씀처럼 음식을 골고루 먹어야 우리 몸에 필요한 영양소를 제대로 섭취해서 건강하게 자랄 수 있어요. 또 음식을 남기면 골치 아픈 쓰레기가 되어 땅과 물을 오염시키지요.

음식물 쓰레기는 정말 많은 문제를 일으켜요. 날마다 우리나라 전국에서 쏟아져 나오는 음식물 쓰레기를 다 옮기려면 1톤 트럭이 1만 5천 대나 필요하대요. 농민들이 땀 흘려 기른 곡식과 채소를 버리는 것도 미안한 일이지만, 이 어마어마한 음식물 쓰레기를 치우는 데도 엄청난 비용이 들어가요. 또 음식물 쓰레기를 땅에 묻으면 해로운 물질이 새어 나와서 땅과 물을 오염시키고 우리의 건강까지 해친답니다. 그러니까 음식물은 남기지 않아야 환경에도, 사람 몸에도 좋은 거지요.

그래도 어린이들에게 무조건 모든 음식을 남기지 말고 다 먹으라는 건 옳지 않아요. 학교에서도 급식이 입에 잘 맞지 않는다는 주형이 같은 친구들 말에 귀를 기울여야 하지요. 식단을 짤 때 영양소가 골고루 담겨 있으면서도 어린이들이 좋아할 만한 다양한 음식을 개발하고, 어린이들이 좋아하는 음식은 넉넉하게, 싫어하는 음식은 적게 준비해야 해요. 물론 주형이도 음식을 좀 더 골고루 먹으려고 노력하고, 먹을 만큼만 식판에 담아서 깨끗이 먹도록 해야겠지요.

더 나아가서 어쩔 수 없이 남게 되는 음식물 쓰레기를 환경을 오염시키지 않고 처리할 방법도 찾아보아야 해요. 어느 초등학교에서는 학교 뒷마당에 오리와 지렁이를 키운대요. 남은 음식을 오리에게 주면 오리가 먹어 치운 뒤 똥을 누어요. 그 똥을 지렁이가 먹고, 지렁이가 눈 똥은 학교에서 키운 식물의 비료로 쓰여요. 지렁이 똥은 화학 비료와 달리 땅과 식물, 사람들에게 두루 좋은 무공해 비료지요. 가정에서, 학교나 회사에서, 식당에서, 음식물 쓰레기로 환경을 오염시키지 않도록 지혜를 모아야 해요. 주형이도 이런 이야기를 선생님과 친구들이랑 함께 나누어 봐도 좋겠지요?

물은 생명이다!

환경 오염으로 인해 날이 갈수록 이상 기후 현상이 늘어 가고 있어요. 특히 아프리카 대륙에서는 가뭄이 점점 심해져서 물이 부족해 고통받는 사람들이 많아요. 아프리카 어린이들은 온종일 마실 물을 찾아다니느라 고생을 하고 있어요. 어렵게 물을 구해도 오염돼 있어서, 그 물을 마셨다가 여러 가지 병에 시달리고 목숨까지 잃는 경우도 많고요. 또 예전에는 사람이 마음 놓고 이용하던 물을 기업에서 사들여 제 것으로 삼는 바람에, 더 먼 곳까지 물을 구하러 다니거나 비싼 돈을 주고 물을 사야 하는 일도 있다고 해요. 물은 생명이에요. 누구나 생명을 유지하기 위해 깨끗하고 안전한 물을 이용할 수 있어야 하지요. 그리고 이 권리를 지키는 일은 지구에서 살아가는 우리 모두의 몫이에요.

모두 어디로 갔을까요?

'달동네'라는 말, 들어 본 적 있나요?
혹시 달나라에 있는 동네냐고요?

높은 언덕을 따라 허름한 집들이 늘어서 있는 곳을 달동네라고 해요. 예전에는 곳곳에 달동네가 아주 많았어요. 지금은 거의 사라지고 그 자리에 새 아파트가 들어섰지요.

그렇다면 달동네에 살던 사람들은 어떻게 되었을까요?
달동네를 허물고 지은 새 아파트에 살고 있을까요?

누구나 보금자리가 필요해요

하경이네 집은 식구가 많아요.
할아버지와 부모님,
그리고 하경이와 남동생 둘까지,
모두 여섯 식구지요.
하경이네 여섯 식구는 비좁은 집에서
북적대며 살아요.

엄마, 우리 더 큰 집으로 이사 가요. 나도 이제 다 컸으니까 내 방이 필요하다고요! 옷 갈아입기도 불편하고,

혼자 있고 싶을 때도 있단 말이에요.

조금만 더 기다려 보자. 우리 동네가 재개발되면 더 넓은 집에서 살 수 있을 거야. 네 방도 꼭 만들어 줄게.

재개발이 뭐예요?

허름한 집들을 헐고 그 자리에 깨끗하고 넓은 집이나 아파트를 새로 짓는 거야.

드디어 하경이네 동네가 재개발된다는 결정이 내려졌어요.

하지만 하경이의 기쁨도 잠시뿐이었어요. 하경이네는 정든 동네를 떠나 먼 곳으로 이사를 가야 했지요. 재개발로 여기저기 집값이 오르다 보니, 하경이네는 더 변두리로 나가서야 간신히 이사 갈 집을 구할 수 있었어요.

우리는 누구나 편히 쉬고 즐겁게 생활할 수 있는 집이 필요해요. 집이 없거나 낡고 위험한 집에서 사는 사람들에게 살 곳을 마련해 주는 것은 국가의 중요한 의무예요. 하지만 여전히 곧 쓰러질 것 같은 허름한 집에 살거나, 치솟는 집값을 감당할 수 없어 이 집 저 집 이사를 다녀야 하는 사람들이 많아요.

쉬지 않고 일해도 가난해요

가난은 게을러서 생기는 게 아니에요. 어떤 사람들은 누구보다 열심히 일을 해도 월급이 너무 적어서 가난하게 살 수밖에 없어요. 돈을 많이 버는 다른 일을 찾으면 되는 것 아니냐고요? 하지만 자신이 하고 싶은 일을 포기하고 돈만 많이 번다고 해서 행복해지는 건 아니에요. 꿈을 실현하기 위해, 또는 사회에 필요한 일을 하기 위해 애쓰는 다양한 사람들이 살 만한 조건에서 살 수 있도록 사회에서 돌보아야 해요. 세계 여러 나라에서는 직업 간의 소득 차이를 줄이기 위해 여러 가지 노력을 기울이고 있어요.

부끄러운 일이 아니에요

하경이네는 결국 다른 동네로
이사를 갔어요.
물론 학교도 전학을 했지요.
하경이 동생 하윤이가
처음 학교에 간 날…….

나라에서 지원하는 급식비는 많은 사람들이 낸 세금에서 나온 돈이에요. 나라에서는 국민이 낸 세금으로 다양한 살림살이를 하는데, 그중 가장 중요한 일이 바로 모든 사람들이 기본적인 생계를 유지할 수 있게 하는 거예요. 부유하건 가난하건 상관없이 모든 어린이가 질 좋은 점심을 먹는 것도 어린이가 누려야 할 최소한의 권리이며, 나라에서는 이러한 권리를 보장해야 하지요. 그래서 최근에는 형편이 어려운 학생에게만 따로 급식비를 제공하지 않고, 모든 학생에게 무상 급식을 제공하려는 움직임이 확대되고 있어요.

 # 몸을 돌볼 새가 없어요

하경이 엄마는 봉제 공장에서
일해요. 지하에 있는 봉제 공장은
공기가 드나드는 창문이 작아서
먼지가 자욱할 때가 많아요.
냄새도 잘 안 빠져서 어떤 때는
머리가 너무 아프대요.
일감이 많을 때면 밥도
잘 못 챙겨 먹고 잠까지 줄이며
일을 끝내야 해요.

아, 속 쓰려.

많이 아픈가 보네. 병원 가야 하는 거 아냐?

이러다 괜찮아지겠지.

가난한 사람들에게 가장 무서운 건 병이에요. 하루하루 일을 해야 먹고사는데, 몸이 아프면 일을 할 수 없기 때문이에요. 하지만 치료비가 두려워 병원에 가지 않다가 결국 병을 더 키우는 사람들이 많아요. 온 국민을 대상으로 하는 건강 보험이나 저소득층을 위한 의료 지원 제도가 있지만, 암처럼 큰 병에 걸렸을 때 받는 혜택이 충분하지 않아서 제대로 치료를 받지 못하거나 큰 빚을 지게 되는 일이 많지요.

사회 복지가 필요해요

사람은 누구나 열심히 공부하거나 일하고 돌아와서 편히 쉴 수 있는 집이 필요해요.
끼니를 걸러서 건강을 해치는 일이 없어야 하고, 아프면 치료를 받을 수 있어야 하지요.
배우고 싶은 사람은 어른 아이 할 것 없이 누구나 배울 수 있어야 하고,
일하고 싶은 사람은 누구나 원하는 일을 할 수 있어야 해요.
또 공부하거나 일하는 틈틈이 쉬거나 놀 수도 있어야 하지요.

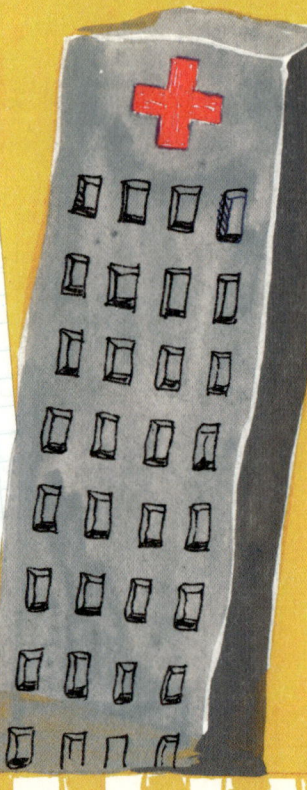

하지만 하경이네 집만 보더라도 필요한 것을 모두 보장받으면서 살지 못해요.
돈이 적고 많음에 따라 누릴 수 있는 것과 누릴 수 없는 것이 분명히 나뉘지요.
예를 들어 돈이 많은 사람은 조금만 아파도 좋은 병원에 찾아가 바로바로 치료를 받을 수 있지만, 돈 없는 사람은 큰 병에 걸려도 병원에 가지 못해서 생명까지 잃는 안타까운 일도 있답니다.

돈이 없는 사람들은 주거, 건강, 교육, 노동, 여가 같은 기본적인 권리를 누리지 못하는 게 당연할까요? 돈은 사람의 권리를 나누는 기준이 될 수 없어요. 돈 있는 사람만 누릴 수 있는 권리는 '특권'이지, 사람이면 누구나 누려야 할 '인권'이 아니니까요. 돈이 없는 사람도 기본적인 생활을 꾸려 가면서 더 나은 내일을 꿈꿀 수 있도록, 사회에서 여러 가지 제도를 마련해야 하지요.

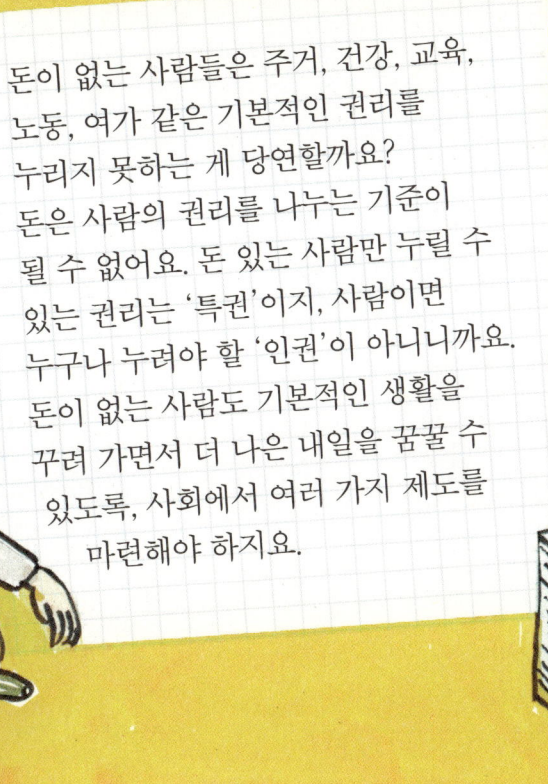

이렇게 모든 사람들이 인간다운 삶을 누릴 수 있도록 사회에서 최소한의 안전 장치를 마련해 놓은 것을 바로 '사회 복지 제도'라고 합니다. 건강 보험이나 국민 연금처럼 모든 국민을 대상으로 다가올 위기에 미리 대비하도록 하는 제도도 있고, 가난한 사람이나 장애인, 아동처럼 힘없는 이들을 위해 특별히 만들어 놓은 제도도 있답니다.

 # 기울어진 저울의 수평을 맞춰 주세요

소수의 부유한 사람이 대부분의 보통 사람들보다 지나치게 많은 것을 누리는 사회는 건강하지 못해요. 어떻게 해야 한쪽으로 기울어 있는 저울이 조금이라도 수평을 이루게 할 수 있을까요? 우리 친구들에게 좋은 생각이 있다면 한번 적어 보세요.

내 방이 있으면 좋겠어요

우리 가족은 할아버지, 엄마, 아빠, 그리고 오빠와 나까지 모두
다섯 명이에요. 그런데 우리 집에는 방이 두 개밖에 없어요.
방 크기도 작고요. 그래서 할아버지랑 오빠랑 나랑 셋이서 한 방을 써요.
나도 이제 다 컸는데, 얼른 내 방이 생겼으면 좋겠어요.

— 윤지수(4학년)

한 방에서 할아버지랑 오빠랑 함께 지내려면 여러 가지 불편한 점이 참 많을 거예요. 옷 갈아입을 때도 신경 쓰이고, 조용히 책을 보거나 혼자 있고 싶을 때도 그럴 만한 공간이 없으니 불만이 생기는 건 당연하지요. 자기 방을 갖고 싶어 하는 마음은 누구나 마찬가지일 거예요. 아무리 서로 아끼는 가족 사이라도 방해받지 않고 싶을 때가 있으니까요. 자라면서 성별이 다른 할아버지나 오빠와 한 방을 쓰는 게 점점 더 신경이 쓰이기도 할 테지요.
우리가 집에서 가족과 함께 쾌적하게 생활하려면, 가족 수와 성별에 맞는 적당한 크기와 개수의 방이 있어야 해요. 집에 볕이 잘 들어야 하고, 너무 오래되어 낡아서는 안 돼요. 집이 물에 잠기거나 하는 재해를 입기 쉬운 곳에 있어도 안 되고, 깨끗한 부엌과 화장실도 있어야 하지요. 이렇게 사람이 쾌적하게 살기 위해 필요한 최소한의 기준을 정해 놓은 것을 '최저 주거 기준'이라고 해요.
그런데 형편이 어려운 사람들은 집값이 너무나 비싸서 최저 주거 기준에 맞는 집에서 살 수가 없어요. 지수네 집도 마찬가지겠지요. 사람들 형편에만 맡겨 두면 지수처럼 불편한 집에서 사는 사람들이 줄어들지 않을 테고요.

그래서 깨끗하고 안전한 집에서 살 수 있는 권리, 즉 '주거권'을 우리나라 헌법이나 세계 인권 선언문에도 모든 사람이 누려야 할 기본적인 권리로 정해 놓았어요. 정부와 지방 자치 단체는 주거권을 보장하기 위해 최저 주거 기준에 미치지 못한 환경에서 살고 있는 가족이 얼마나 되는지 파악하고, 이들에게 알맞은 집을 제공하도록 노력할 의무가 있어요. 시민들도 정부가 이런 정책을 제대로 펼치고 있는지 꾸준히 감시하고 요구해야 하고요.

집을 사고팔아 돈을 벌려고 집을 여러 채 가진 사람들 때문에 집값이 끝없이 오르는 것도 문제예요. 집값이 안정되도록 정부에서 확실한 규제 정책을 펼쳐야 해요.

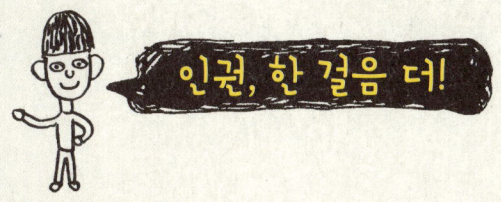

어린이를 위한 사회 복지

사회 복지 혜택은 모든 사람에게 돌아가야 해요. 그중에서도 우리 어린이들을 위해 특별히 마련된 복지 제도들이 있지요. 아기가 태어난 가정에 양육비를 지원하거나, 집안 형편이 어려운 어린이에게 교육비나 의료비를 지원하는 제도도 있어요. 유치원과 학교에 다니는 어린이들에게 무료로 급식을 제공하는 제도도 있고, 낫기 힘든 병에 걸렸거나 장애가 있는 어린이를 특별히 지원하는 제도도 있지요. 또 부모를 잃은 어린이, 부모에게 제대로 돌봄을 받지 못하거나 폭력을 당하는 어린이를 위해 쉼터를 마련하고, 안전한 시설이나 새로운 가정을 찾아 주기도 해요. 이렇게 다양한 복지 제도가 있지만, 여전히 모든 어린이들이 동등한 기회를 누리고 골고루 행복해질 수 있을 만큼 충분하지는 못해요. 어린이는 어떤 부모에게서, 어떤 집에서 태어날지 선택해서 태어난 것이 아니에요. 그러므로 모든 어린이가 건강하고 행복한 오늘을 누릴 수 있도록, 우리 사회가 어린이를 위한 복지 제도를 확대하는 데 더욱 힘을 써야 해요.

 # 앗살람 알라이쿰, 평화가 함께하기를……

민수는 오늘도 저녁을 먹고,
깔깔거리며 오락 프로그램을 본 뒤,

아홉 시 뉴스가 시작될 즈음 잠이 들었어요.

꿈속에서 울고 있는 한 여자아이를 만났어요.

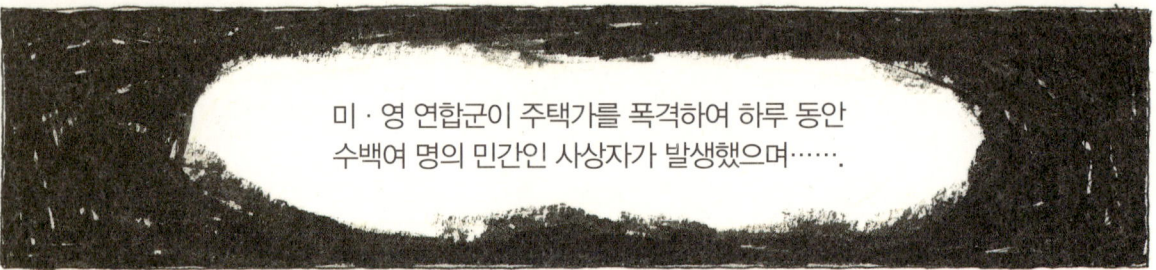

미·영 연합군이 주택가를 폭격하여 하루 동안 수백여 명의 민간인 사상자가 발생했으며……

 전쟁은 왜 무서울까?

오늘도 세계 곳곳에서는 끊임없이 크고 작은 전쟁이 벌어지고 있어요.
전쟁터에 사는 사람들은 하루하루를 두려움에 떨며 지낸답니다.
전쟁터에서 어떤 일들이 벌어지는지 한번 알아볼까요?

폭탄은 군인과 군사 시설에만 떨어지는 게 아니에요.

엄마 아빠와 아이들이 함께 사는 집에도, 날마다 저녁거리를 사러 가는 시장에도, 친구들이 다니는 학교에도,

밤낮을 가리지 않고 떨어져요.

전쟁이 일어나면 상상할 수 없을 만큼 많은 사람들이 죽거나 다쳐요. 가족을 잃고 혼자 남거나, 집과 마을이 파괴되어 갈 곳이 없어지기도 하지요. 그리고 무엇보다도 전쟁에서 얻은 마음의 상처가 오래도록 남아요.

후 —

다친 사람들 중엔 군인보다 어린이나 노인, 여자들이 더 많은 것 같아.

당신에게 평화가 함께하기를

전쟁이 끝난다고 해서 전쟁 피해도 함께 끝나는 건 아니에요. 전쟁 중에 다친 몸으로 평생 불편하게 살아야 하는 사람도 많아요. 또 화학 무기 때문에 환경이 오염되어 건강하지 못한 아기가 태어나기도 해요. 자연도, 사람도 오랫동안 전쟁 후유증에 시달리는 것이지요.

열화 우라늄탄

이라크에서도 걸프 전쟁이 일어난 뒤 암과 백혈병 환자가 열 배 가까이 늘어났고, 몸이 불편하거나 건강하지 못한 아이가 태어날 가능성도 다섯 배 넘게 커졌어요.

전쟁 뒤에도 남아 있던 지뢰나 수류탄이 터져서, 팔과 다리를 잃거나 심지어 목숨을 잃는 사람들도 많아요.

세계 여러 나라들은 만 18세가 되지 않은 어린이와 청소년이 전쟁터에 나가 싸우는 일이 없도록 하자고 약속했어요. 하지만 계속되는 전쟁 속에 어린아이들이 병사로 끌려 나가는 일이 끊임없이 일어나고 있지요. 심지어 채 열 살도 되지 않은 어린아이까지 총을 들고 전쟁터에 뛰어들기도 해요.

전 세계에는 여전히 만 18세가 되지 않은 아동 병사가 30만 명에 이른다고 해요. 더 슬픈 일은 강제가 아니라 스스로 군대에 들어가는 아이들도 있다는 거예요. 굶주림을 견디다 못한 아이들, 가족이 없는 거리의 아이들이 굶어 죽으나 전쟁터에 나가 죽으나 마찬가지라 여기고 군대에 들어가는 거예요.

 전쟁은 왜 일어날까?

전쟁은 힘이 센 편이 힘이 약한 편을 폭력으로 눌러서 모든 일이 자기편에 유리하도록 문제를 해결하는 방식입니다. 주로 소수의 힘 있는 사람들이 이익을 얻기 위해 전쟁을 일으키는 경우가 많습니다.

"그럼 전쟁을 일으킨 나라 사람들은 행복해지나요?"

"그건 힘세고 돈 많은 사람 얘기지."

전쟁에서 다치거나 죽는 군인들은 힘세고 돈 많은 사람들이 아니란다.

무시무시한 전쟁 무기 때문에 참전 군인과 그 자녀들까지 고통을 받게 되지.

또 엄청난 전쟁 비용을 감당하는 것도 보통 사람들이야.

"우리 작은아이는 태어날 때부터 백혈병이에요."

"난 암에 걸렸어요."

"이번 달 세금이!"

이기든 지든 전쟁은 많은 사람들의 행복을 앗아 가는구나……

 # 총으로는 평화를 이룰 수 없어요

누구나 전쟁이 위험하다는 걸 잘 알아요.
전쟁은 많은 사람들의 목숨과 삶의 터전을 빼앗아
간다는 것도 다 알아요. 그래서 수많은 사람들이
전쟁을 반대하고 있어요. 남자건 여자건, 어린이건
어른이건, 어떤 나라건 어떤 민족이건, 사람은 누구나
자유롭고 평화로운 세상에서 살아갈 권리가 있어요.

평화로운 세상을 꿈꾸며······

전쟁 때문에 힘들게 지내고 있는 친구들에게
해 주고 싶은 이야기를 편지로 써 볼까요?

엄마 아빠가 날마다 싸워요

우리 엄마 아빠는 거의 날마다 싸워요. 내가 동생이랑 싸우면 "동생이랑 사이좋게 지내야지!" 하시면서 엄마 아빠는 왜 늘 싸우는지 모르겠어요. 텔레비전에 전쟁 이야기가 나오면 "쯧쯧쯧, 왜들 저렇게 싸우는지." 하시면서 말이에요. 심할 때는 아빠가 그릇이나 화분 같은 걸 막 던지기도 해요. 용기 내어 그만 싸우시라고 말해도 소용이 없어요. 엄마 아빠가 싸우면 막 울고 싶어지고 집에 있기도 싫어요.

— 최성하 (5학년)

엄마 아빠가 자주 다퉈서 많이 걱정되고 속상하지요. 어린이들은 다른 어떤 때보다 엄마 아빠 사이가 좋지 않을 때 가장 크게 상처를 받는 것 같아요. 세상 모든 사람들은 다 행복한데 나만 불행한 것 같은 생각도 들 테고요.
싸우는 게 무조건 나쁜 건 아니에요. 사람마다 성격도, 좋아하는 것도, 생각하는 방식도 다르다 보니 함께 지내는 사람과 갈등이 생길 수 있어요. 가까운 친구라도 서로의 말이나 행동을 오해해서 다투기도 하고, 내 생각이나 느낌을 무시당해 화가 날 때도 있지요. 그럴 땐 겉으로만 괜찮은 척하기보다는 속마음을 솔직히 털어놓는 게 나아요. 그러지 않으면 서운한 마음이 차곡차곡 쌓였다가 나중에 한꺼번에 터져서 오히려 더 사이가 나빠질 수도 있거든요. 마음을 터놓고 이야기해야 내가 오해한 건 없는지 확인하고, 친구가 잘못한 것이 있다면 고치도록 할 수 있으니까요.
엄마 아빠가 다투는 것도 크게 다르지 않아요. 한 집에서 날마다 함께 지내는 사람끼리 의견이 안 맞거나 오해가 생겨서 다투는 건 지극히 자연스러운 일이에요.

그러니까 엄마 아빠가 말다툼을 한다고 해서 너무 속상해 하지는 않아도 돼요. 그렇지만 싸우는 방식에 문제가 있을 수는 있어요. 서로 감정이 상해 싸울 때라도, 상대방을 무시하거나 폭력적인 말과 행동을 하지 않도록 조심해야 해요. 폭력적인 말과 행동은 상대방뿐만 아니라 지켜보는 사람에게도 커다란 상처가 되니까요. 성하의 고민도 여기서 나오는 거겠지요.

폭력적인 말과 행동으로는 문제를 해결하지 못해요. 오히려 상대방이 자기 잘못을 인정하고 뉘우치기보다, 똑같이 화가 나서 폭력으로 되돌려 주거나 미워하는 마음만 깊어지지요. 부모님이 먼저 평화로운 방법으로 갈등을 해결하는 모습을 아이들에게 보여 주어야 하는데, 그러지 못한 경우가 많아서 안타까워요. 지혜롭게 갈등을 풀어 가는 사람들이 많아져야 이 세상의 모든 전쟁과 폭력을 멈추게 할 평화의 힘도 커질 텐데 말이에요. 부모님이 싸울 때 성하가 어떤 마음이 드는지 솔직히 이야기해 보세요. 폭력은 아무것도 해결하지 못한다는 이야기도요.

군대를 거부하는 사람들

스스로 선택하여 군인이 되는 나라가 있는 반면, 우리나라처럼 일정 기간 동안 의무적으로 군대에 입대해야 하는 나라도 있어요. 그런데 군대에 들어가 총을 들고 사람을 죽이는 훈련을 받는 것이 너무나 괴로워 입대를 거부하는 사람들이 있지요. 입대는 하더라도 훈련소에서 총을 들라는 명령을 거부하는 사람들도 있고요. 모두 전쟁에 반대하고 평화를 지키려는 신념을 갖고 있기 때문이에요. 이 사람들을 흔히 '양심에 따른 병역 거부자'라고 해요. 이 사람들은 안타깝게도 신념을 선택한 대가로 감옥에 가야 하지요.

세계 여러 나라에서는 양심에 따른 병역 거부자의 권리를 인정하고, 군대에 가는 대신 사회봉사나 소방 업무처럼 이웃을 돕는 일에 참여할 수 있도록 길을 열어 주고 있어요. 우리나라에서도 하루빨리 이런 제도를 만들어서, 평화를 선택한 사람들을 범죄자로 만드는 일이 없어져야 해요.

 # 사람과 사람 사이에 위아래가 있다고요?

옛날에는 타고난 신분에 따라 할 수 있는 일과 할 수 없는 일이 확실하게 나뉘어 있었어요. 노비의 자식으로 태어난 사람들은 평생 노비로 살아야 했고, 무조건 양반이 시키는 대로 따라야 했지요.

왕은 나라에서 가장 높은 지위에 있는 사람으로, 누구도 함부로 대할 수 없었어요.
왕의 잘못을 지적했다가 먼 곳으로 유배를 가거나 죽임을 당한 신하들도 많았지요.

이처럼 신분이 높은 사람은 권력을 마구 휘두르며 아랫사람을 함부로 대하기
일쑤였어요. 신분이 낮은 사람은 억울해도 이에 따를 수밖에 없었지요. 오늘날에는
신분 제도가 거의 사라졌지만, 여전히 나이가 많다고, 돈이 많다고, 지위가 높다고
그렇지 않은 사람에게 함부로 대하는 일들이 일어나고 있어요.

위아래보다 어깨동무가 좋아요

 # 아래위를 나누는 게 싫어요

엄마 때문에 더 화가 났어요.
왜 싸웠는지는 물어보지도 않고,
무조건 오빠한테 대들지
말라고만 하시잖아요.
정말 억울해요.
플러그를 뽑아 버린 건 좀
심했지만, 오빠가 날 무시하고
약속을 지키지 않은 게
더 나쁜데 말이에요.

나이가 조금 더 많다고 선배들이 으스대며 함부로 구는 모습, 정말 이해가 안 가요. 만나면 서로 인사하고, 잘못을 한 사람이 먼저 사과하는 게 당연한데도 말이에요.

선생님의 태도는 뭔가 잘못된 것 같아요. 물론 선생님 입장에서 학생에게 잘못을 지적받으면 무안하시겠지요. 하지만 "아차, 선생님이 잘못 말했구나." 하고 인정하고 넘어가면 될 텐데, 괜히 다른 문제로 트집을 잡고 화를 내는 건 옳지 않다는 생각이 들어요.

우리 친구들도 정미와 비슷한 경험을 한 적 있나요? 나이가 어리다는 이유로, 힘이 약하다는 이유로 차별받은 적이 있다면 아래 칸에 한번 적어 보세요.

시키면 시키는 대로 하라고요?

"교장 선생님, 그 방식은 학생들에게 좋지 않습니다."

"됐어요. 교장이 시키면 시키는 대로 하지, 왜 그리 불만이 많아요?"

1학년 후배나 6학년 선배나, 가르치는 선생님이나 배우는 학생이나, 모두 위아래 없이 똑같은 학교의 주인이지요. 그런데 선배라고 해서 후배를 못살게 굴고, 교사라고 해서 학생을 함부로 대하는 일이 종종 일어나곤 해요.

선생님 사이에도 위아래가 정해져 있어서, 민주적으로 의견을 모아야 할 일도 일방적으로 결정해 버리는 경우가 종종 있어요. 윗사람의 잘못을 바로잡으려다가 '예의 없다'는 비난을 받기도 하고요. 일반 교사나 학생들의 의견에 귀 기울이지 않고 일방적으로 모든 일을 결정하는 건 문제가 있어요.

군대에도 계급이 나뉘어 있어요. 계급이 높은 군인은 계급이 낮은 군인에게 명령을 내릴 수 있는 힘이 있지요.

군대에서 계급이 높은 병사가 계급이 낮은 병사들을 함부로 때리고 심한 벌을 주는 일이 자주 일어나요. 심한 모욕을 견디다 못해 스스로 목숨을 끊는 사람도 있어요. 군대가 명령을 내리는 사람과 명령을 따르는 사람이 나뉘는 계급 조직이더라도, 함부로 다른 사람의 인격을 짓밟을 권리는 누구에게도 없어요.

위아래를 허물어요

모든 사람은 평등하게 태어났고 똑같이 존중받을 자격이 있어요. 이 생각이 바로 인권의 출발점이지요. 위아래를 허물고 평등한 관계를 만들기 위한 노력들이 사회 곳곳에서 이어지고 있어요.

어떤 어린이집에서는 어린이들이 교사에게 선생님이라고 부르고 높임말을 쓰는 대신, 별명을 부르고 서로 반말을 해요. 교사와 학생을 구분하지 않고 서로 존중하는 마음을 갖기 위해서 호칭을 바꾸어 본 거예요. 이렇게 자란 어린이는 규칙이나 지시를 무조건 따르기보다는 그 까닭을 이해하고 판단해서 행동하는 힘을 갖게 된다고 해요.

어떤 회사에서는 부장, 과장, 대리, 평사원 같은 직급을 없애고 서로의 이름에 '님' 자를 붙여서 대화한다고 해요. 직장에서 지위가 높다고 해서 아랫사람을 함부로 대하거나 부당한 일을 강요하지 않도록 하기 위해서예요. 이렇게 위아래를 없애고 나니 서로 아끼고 협력하는 문화가 생겨났다고 해요.

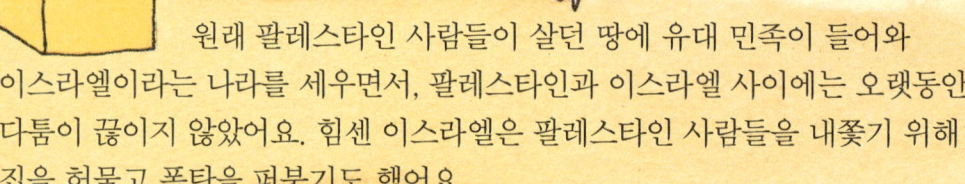

원래 팔레스타인 사람들이 살던 땅에 유대 민족이 들어와 이스라엘이라는 나라를 세우면서, 팔레스타인과 이스라엘 사이에는 오랫동안 다툼이 끊이지 않았어요. 힘센 이스라엘은 팔레스타인 사람들을 내쫓기 위해 집을 허물고 폭탄을 퍼붓기도 했어요.

이스라엘 조종사들 중에는 사람의 생명을 함부로 빼앗는 명령을 거부한 사람들이 있었어요. 아무리 윗사람이 내린 명령이라 해도, 잘못된 명령이라면 거부하는 것이 양심을 지키는 일이라고 생각했기 때문이에요. 명령을 어긴 대가로 조종사들은 처벌을 받아야 했지만, 이들의 용기 있는 행동은 많은 사람들에게 감동을 주었어요. 위아래 구분이 엄격하고 명령을 중요시하는 군대에서도 이렇게 작은 변화가 생겨나고 있답니다.

인격의 무게는 누구나 똑같아요

이 시소는 왜 한쪽으로 기울어지지 않을까요? 나이나 체격이 다르고 지위가 달라도 사람의 인격만큼은 같은 무게를 지니고 있기 때문이에요.

우리 친구들끼리도 나이를 따지고 학년을 따지고 남자 여자를 따지기보다는, 저마다 가진 장점을 찾아내고 서로 존중해 준다면 더 따뜻한 관계를 만들 수 있을 거예요.

위아래를 허물고 사람과 사람 사이가 평등해졌으면 하는 부분들이 또 있나요? 그러기 위해서는 우리가 어떤 노력을 해야 할까요?

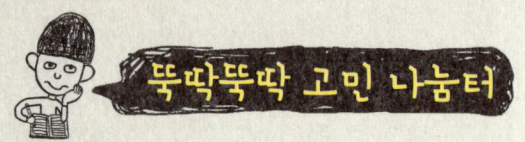 뚝딱뚝딱 고민 나눔터

생일이 빠르다고 오빠라고 부르래요

명절에 친척들 모두 외할아버지 댁에 모였어요. 특히 멀리 살아서 자주 못 보는 이모네 식구를 만나 아주 반가웠어요. 그런데 이모 아들 기훈이는 저보다 생일이 고작 두 달 빠를 뿐인데, 어른들이 기훈이를 오빠라고 부르라고 하는 거예요. 어렸을 때는 오빠라는 생각이 들어서 그렇게 부르기도 했어요. 하지만 기훈이랑 저는 같은 학년인 데다가 생일도 겨우 두 달밖에 빠르지 않은데 오빠라고 부르려니 이상해요. 그리고 동생들하고 노는 거 보면 제가 누나 같을 때도 많거든요. 그런데 어른들은 기훈이를 오빠라고 부르지 않으면 혼을 내요. 기훈이도 은근히 오빠라고 부르길 바라는 거 같아요.

―이경선(4학년)

가까이 지내는 친척들 사이에서 위아래를 강조하는 것 때문에 경선이가 많이 섭섭했을 것 같아요. 그러고 보면 우리 사회는 위아래를 강조하는 문화가 특히 발달해 있어요. 누가 선배고 후배인지, 누가 나이가 많고 적은지, 누가 더 위고 아래인지 말이지요. 또 선배나 윗사람에게는 책임감과 너그러움을 강조하고, 후배나 아랫사람에게는 양보와 배려를 요구해요. 윗사람과 아랫사람이 가져야 하는 미덕이 따로 있다고 생각하는 거예요. 하지만 사실 이러한 미덕은 우리 모두에게 필요해요. 윗사람이라고, 아랫사람이라고 특별한 미덕을 지녀야 한다는 건, 괜한 짐만 되지 실제로는 서로의 관계에 그다지 도움이 되지 않아요. 게다가 위아래를 나누는 일은 서로 자유롭게 어울리고 대화하는 데 방해가 되기도 해요. 내가 잘 모르는 것이 있을 때, 저 사람이 나보다 아랫사람이면 묻고 싶어도 왠지 꾹 참게 돼요. 후배나 동생에게 물어보면 그것도 모르냐며 나를 무시할까 봐 말이에요.

또 윗사람이 잘못 아는 게 있거나 실수를 해도, 괜히 잘난 척한다며 미움받을까 봐 제대로 말해 주지도 못해요. 이렇게 위아래를 나누는 건 오히려 불편함만 더할 뿐이에요.
경선이가 기훈이와 이렇게 이야기해 보면 어떨까요? "형이랑 누나랑 동생도 많은데, 우리끼리라도 편하게 지내면 어때? 시간이 지날수록 오빠 동생이 아니라 어깨동무 친구가 되길 잘했다는 생각이 들 거야." 하고 말이지요. 부모님이나 친척 어른들께도, 기훈이와 더 사이좋게 지내기 위해 오빠 동생보다 어깨동무 친구가 되고 싶다고 말해 보는 거예요. 경선이가 기훈이뿐 아니라 모든 친구들과 어깨동무하는 마음을 가졌으면 해요. 더불어 꿈을 이야기하는 데는 나이나 위아래가 필요 없지요. 실제로 어른이 되면 나이와 상관없이 마음이 통하는 사람, 관심사가 비슷한 사람, 함께 일하는 사람과 친구가 되는 경우가 아주 많아요. 어깨동무해서 생기는 기쁨을 경선이와 기훈이, 그리고 모든 친구들이 느껴 보았으면 좋겠어요.

평등한 사회를 만들기 위한 노력

나는 딸기를 좋아하고 내 친구는 사과를 좋아한다면, 나와 친구 사이에는 차이가 있다고 말할 수 있어요. 하지만 그 차이 때문에 둘 사이에 위아래를 나누지는 않지요. 그런데 어떤 경우에는 차이가 있다고 해서 위아래를 나누는 게 당연하다고 여기기도 해요. 나이가 어린 사람은 나이가 많은 사람보다 하찮은 취급을 당해도 괜찮고, 경제 형편이 좋지 않은 나라에서 온 사람은 적은 돈을 주고 일을 시켜도 괜찮다고 생각하는 식으로 말이지요. 이렇게 차이 때문에 위아래를 나누는 일을 당연히 여기다 보면, 그 사회는 점점 더 불평등해질 수밖에 없어요. 세계 여러 나라에서는 좀 더 평등한 사회를 만들기 위해 다양한 노력을 하고 있어요. 성, 인종, 장애를 비롯해 어떤 이유로든 차별받는 일이 없도록 하는 차별 금지법 제정 운동, 어린이와 청소년이 학교와 사회에서 인격을 존중받을 수 있도록 하려는 아동 권리법 제정 운동, 가난한 나라에서 생산된 상품을 제값을 주고 사려는 공정 무역 운동 같은 노력이지요. 평등은 바라기만 하면 뚝딱 이루어지는 꿈이 아니라, 우리가 함께 정성을 쏟아 가꾸어야 할 열매이기 때문이에요.

눈앞이 캄캄했던 날

민수는 그동안 장애인과 얘기를 나눠 본 적도 없고 관심도 없었지만, 새삼스레 장애인들이 어떻게 사는지 궁금해졌습니다.

장애인에 대해 알고 싶어요

혹시 여러분 주변에 장애를 가진 친구나 어른이 있나요? 우리나라 사람 열 명에 한 명쯤이 장애가 있다고 해요. 그런데 우리 친구들은 장애인에 대해 잘 알고 있나요? 아래 동그라미 속에는 장애인과 장애인을 대하는 우리의 태도에 대해 맞는 설명도 있고 잘못된 설명도 있어요. 맞는다고 생각하면 해 모양에, 잘못됐다고 생각하면 달 모양에 동그라미를 쳐 보세요.

1 장애인은 대부분 태어날 때부터 장애인이다.

2 시각 장애인은 맹도견의 도움을 받으면 아무런 문제 없이 어디든 마음껏 다닐 수 있다.

3 시각 장애인이나 청각 장애인 중에는 조금씩 보거나 들을 수 있는 사람도 있다.

4 뇌성마비 장애인은 지적 능력이 낮아서 사회생활을 제대로 하기 힘들다.

5 길을 가다 몸이 불편한 사람을 만나면 무조건 달려가서 도와주기보다, 먼저 도움이 필요한지 물어봐야 한다.

 # 친구들과 어울려 공부하고 싶어요

미경이는 올해로 아홉 살이 되었습니다.

하지만 여태껏 한 번도 유치원이나 학교에 다닌 적이 없습니다.

미경이에게 발달 장애가 있기 때문이지요.

엄마는 미경이를 달리 맡길 데가 없어서, 미경이를 등에 업고 장사를 하며 살아왔습니다.

하루 벌어 하루 먹고살기에 바쁘다 보니, 제대로 치료도 못 하고 아홉 살이 되도록 학교도 못 보낸 채 시간이 흘렀습니다.

더는 미경이를 그대로 둘 수 없어서, 엄마는 미경이를 받아 줄 학교를 알아보았습니다.

장애인도 비장애인과 마찬가지로 교육을 받을 권리가 법으로 보장되어 있어요. 2007년에 제정된 '장애인 등에 관한 특수교육법'에 따르면 모든 장애인은 유치원부터 고등학교까지 의무 교육을 받도록 되어 있지요. 하지만 아직도 많은 학교에서 미경이 같은 장애인 친구들이 입학하는 것을 꺼리고 있어요. 입학은 해도 장애인 친구에게 알맞은 교육 환경을 만들어 주는 경우가 드물고요. 만약 여러분이 다니는 학교에 미경이처럼 장애를 가진 친구가 있다면 어떤 도움을 줄 수 있을까요?

마음 편히 밖에 나가고 싶어요

장애인은 여행을 싫어할까요? 장애인은 밖에 나가서 볼일이 없을까요? 그렇지 않아요. 하지만 장애인이 집을 나서려면 위험을 무릅쓸 일이 한두 가지가 아니에요. 비장애인에게는 아무렇지도 않은 길이 장애인에게는 위험 지대이기 십상이지요. 계단이나 육교, 턱이 있고 울퉁불퉁한 길 때문에 걷거나 휠체어를 타고 움직이기 어렵고, 장애인을 위한 편의 시설이나 교통수단도 여전히 부족하지요.

요즘 지하철 역에는 대부분 엘리베이터가 있지만, 간혹 엘리베이터가 없는 곳에는 휠체어를 싣고 오르내리는 리프트가 설치되어 있어요.
그런데 이 휠체어 리프트가 휠체어를 안전하게 고정시키지 못해서, 장애인이 계단으로 굴러떨어지는 일이 끊임없이 일어났어요.

리프트에서 떨어진 장애인들은 심한 부상을 당하거나, 심지어 목숨을 잃는 일까지 벌어졌어요. 장애인을 위한 시설이 도리어 장애인에게 해를 입힌 셈이지요. 이런 일이 더는 일어나지 않도록, 장애인이 안전하게 이동할 수 있는 시설을 제대로 갖추어야 해요.

시각 장애인은 점자 블록이 없는 길을 걷다가 차와 부딪칠 수 있어요.

스크린 도어가 없는 기차역이나 지하철역에서는 선로에 떨어지는 사고를 당하기도 해요.

휠체어를 타는 장애인은 버스나 택시를 이용하기 어려워서 먼 거리를 이동하기가 불편해요.

전동차와 승강장 사이가 넓어서 휠체어 바퀴가 끼이기도 해요.

이 밖에도 장애인들이 이동할 때 어떤 어려움을 겪는지 더 알아보아요.

 # 휠체어를 타는 장애인의 바깥나들이

다리가 불편한 철민 씨는 오늘 여자 친구와 만나서 공연을 보기로 약속했어요.
혼자서는 집 밖에 잘 나가지 않지만, 오늘은 용기를 내어 보기로 했지요.
지하철로 몇 정거장 안 가니까, 한 시간이면 공연장에 도착할 수 있을 거예요.
아저씨는 열두 시에 시작하는 공연을 보기 위해 열한 시도 되기 전에 집을 나섰어요.

지하철역에 도착했어요.

휠체어 리프트를 타려고 역무원을 불러요.

역무원을 기다려요.

역무원이 오려면

꽤 시간이 걸리지요.

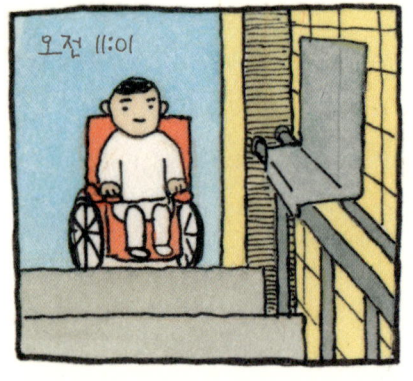

드디어 역무원이 왔어요.

리프트를 펼치는 동안 기다리고

세상의 장벽은 마음의 장벽을 만들어요. 장애인의 바깥나들이가 일 년에 한 번 있을까 말까 한 큰 행사가 되어서는 곤란해요. 장애인이 언제든 원할 때 편하게 거리로 나설 수 있도록, 우리가 한번 장애인 인권 설계사가 되어 볼까요?

철민 씨는 집에서 멀지 않은 공연장에 가기도 이렇게 어렵습니다.
어떻게 하면 편하게 이동할 수 있을지, 여러분 생각대로 이동 경로를 만들어 보세요.

좀 더 쉽게 이동하는 방법은 없을까요?

횡단보도를 건널 때

시각 장애인은 횡단보도를 건널 때 신호가 바뀌었는지 확인할 수 없어요.

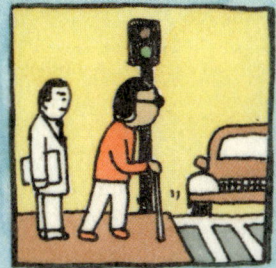 

공중화장실에서

휠체어를 탄 채로 들어가기에는 화장실 입구가 너무 비좁아요.

작게 낮게 느리게 함께 걸어요

장애인은 비장애인보다 특별히 모자란 사람이 아니에요. 또 모든 장애인에게 보통 사람과 다른 특별한 능력이 있는 것도 아니에요. 장애인이나 비장애인이나 사람에 따라 뛰어난 점도 있고 부족한 점도 있는 법이니까, '장애인은 다 이래.' 하는 생각은 옳지 못해요. 장애인을 남다르게 보는 시선보다는 더불어 함께 살아가려는 마음이 필요하지요.

> 장애인이 도와 달라고 할 때는 겁내지 말고 할 수 있는 만큼만 도와주세요.

> 장애인을 도우려 할 때는 먼저 어떤 도움이 필요한지 물어봐요.

> 길거리나 버스 안에서 장애인을 만났을 때, 지나치게 흘끔거리거나 눈치를 주지 마세요.

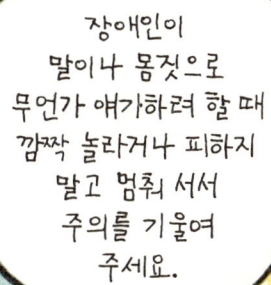

장애인이 말이나 몸짓으로 무언가 얘기하려 할 때 깜짝 놀라거나 피하지 말고 멈춰 서서 주의를 기울여 주세요.

장애인은 동정받기보다 존중받기를 원해요.

장애인은 조금 불편한 점이 있을 뿐, 비장애인과 똑같은 사람이에요. 너무 특별하게 대할 필요는 없어요.

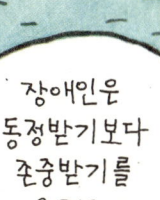

장애인을 배려한다고 해서 무조건 양보하거나 모든 행동을 받아들일 필요는 없어요. 여러분이 불편하거나 원하지 않는 점이 있다면 분명하게 알려 주세요.

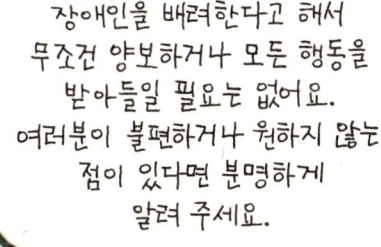

친구들이 기분 나쁜 말을 써요

우리 반 아이들은 친구를 놀릴 때 "너 애자냐?"라는 말을 써요.
'장애자'에서 '장' 자를 빼고 남은 말이라는데, 저는 이 말을 들을 때마다
속이 상해요. 우리 오빠는 다리가 불편한 장애인이거든요.
친구들한테는 한 번도 얘기한 적이 없지만요.
만약 친구들이 알면 "너희 오빠 애자라며?", "너도 애자 아냐?"
하면서 놀리지 않을까 걱정돼요.

— 남지윤(4학년)

우리가 함부로 쓰는 말이나 욕설 가운데, 그 뜻을 따져 보면 무시무시한 내용을 담고 있는 경우가 많아요. 친구의 모자란 점을 두고 '애자'라고 하는 것도 장애인을 깔보고 놀림감으로 삼는 뜻이 담겨 있어요. 이런 말을 장애인이나 장애인의 가족이 듣는다면 당연히 큰 상처를 받게 되겠지요.

물론 이런 말을 하는 친구들이 진짜 장애인을 깔봐서 그러지는 않았을 거예요. 이 말에 장애인을 얕보는 뜻이 담겨 있다는 걸 잘 모르는 친구들도 많을 테고요. 그런데 말은 사람의 생각을 담는 그릇이에요. 잘못된 생각이 담긴 말을 자꾸 쓰다 보면 자신도 모르는 사이에 잘못된 생각이 마음속에 자리를 잡고, 듣는 사람에게도 그런 생각을 전하게 되지요. 옛날 우리나라가 일본의 식민지였을 때, 일본 사람들이 우리나라 사람을 '조센징'이라고 불렀어요. 이 말은 '조선 사람'이라는 뜻이지만, 그 속에 우리나라 사람을 일본 사람보다 낮춰 보는 생각이 담겨 있었지요. 일본 사람들이 아직도 우리를 '조센징'이라고

부른다면 어떤 기분이 들까요?
우리가 쉽게 쓰는 말 가운데는 피부색과 인종이 다른 사람을 깔보거나, 특정 지역 사람들을 업신여기거나, 외모와 특징을 두고 놀리는 표현들이 꽤 많이 있어요. 이런 말을 자꾸 쓰다 보면 특정 집단을 낮춰 보는 생각이 마음속에 둥지를 틀 수도 있고, 듣는 사람에게 큰 상처를 줄 수도 있어요. 그러니 평소에 써도 되는 말과 쓰지 말아야 할 말을 가려 쓰는 습관이 필요해요. 다른 사람의 인권을 침해하지 않도록 말이에요.
한 가지 덧붙이면, 지윤이가 친구들에게 오빠가 장애인이라는 걸 굳이 밝히고 싶지 않을 수도 있어요. 하지만 사람은 누구나 부족한 점도 있고 좋은 점도 있어요. 장애인은 단지 남보다 좀 더 눈에 띄는 불편함이 있을 뿐이지요. 기회가 된다면 친구들에게 떳떳하게 오빠에 대해 이야기하고, 친구들이 쓰는 말이 누군가에게 상처가 된다는 점을 확실하게 일깨워 주면 어떨까요?

장애인도 일하고 싶어요

사람은 누구나 원하는 일자리를 얻어 꿈을 실현할 권리가 있어요. 하지만 장애인은 비장애인보다 일하는 데 어려움이 많을 거라는 편견 때문에 많은 회사들이 장애인 고용을 꺼리고 있어요. 장애인이 일할 수 있는 편의 시설을 갖추거나 업무 보조를 해 줄 사람을 두면 되는데 말이지요. 사실 법에는 더 많은 장애인이 일자리을 가질 수 있게, 회사 규모에 따라 장애인을 일정 수만큼 고용하도록 정해져 있어요. 우리나라는 2012년 기준으로 노동자가 50명이 넘는 회사는 그중 2.5% 이상을 장애인으로 고용하도록 정해 두었지요. 그런데 많은 회사들이, 특히 여력이 충분한 대기업이나 공공 기관마저도 장애인 의무 고용 인원을 지키지 않고 있어요. 장애인을 위한 다양한 복지 시설도 필요하지만, 장애인이 원하는 직업을 갖고 당당한 사회 구성원으로 살아갈 수 있도록 하는 것이 더욱 중요합니다.

세계 인권 선언문

세계 인권 선언문은 세상 모든 사람들이 모든 장소에서 인간으로서 누려야 할 권리가 있음을 인정한 최초의 선언입니다. 이 선언은 1948년 12월 10일 유엔 총회에서 채택된 뒤로, 차별받고 고통받는 사람들 편에서 큰 역할을 해 왔습니다. 그럼 세계 인권 선언문에 담긴 모든 사람의 자유와 권리는 구체적으로 무엇인지 한번 살펴볼까요?

제1조 우리는 모두 형제자매다
우리 모두는 태어날 때부터 자유롭고, 존엄성과 권리에 있어서 평등하다. 우리 모두는 이성과 양심을 가졌으므로 서로를 형제자매의 정신으로 대해야 한다.

제2조 우리는 모두 평등하다
피부색, 성별, 종교, 언어, 국적, 갖고 있는 의견이나 신념 등이 다를지라도 우리는 모두 평등하다.

제3조 안심하고 살아간다
우리는 누구나 생명을 존중받으며, 자유롭게, 안전하게 살아갈 권리가 있다.

제4조 노예는 없다
어느 누구도 사람을 노예처럼 다루거나 물건처럼 사고 팔 수 없다.

제5조 고문이나 모욕은 안 된다
사람은 누구나 고문을 당하거나, 가혹하거나 비인도적이거나 모욕적인 처우, 또는 형벌을 받아서는 안 된다.

제6조 법의 보호를 받는다
우리는 모두 어디서나 똑같이 법의 보호를 받으며 인간답게 살아간다.

제7조 법은 누구에게나 똑같다
법은 누구에게나 평등해야 하며 차별적이어서는 안 된다.

제8조 억울할 때는 법의 도움을 청하라
우리는 누구나 기본적인 권리를 침해당할 때 법의 도움을 구할 수 있으며, 재판을 해서 권리를 되찾을 수 있다.

제9조 제멋대로 잡아 가둘 수 없다
사람은 정당한 법률에 따르지 않고는 제멋대로 잡아가거나 가두거나 그 나라에서 쫓아낼 수 없다.

세계 인권 선언문

제10조 재판은 공정하게
우리는 어느 누구를 편들지 않는 독립되고 편견 없는 법원에서 공정한 재판을 받을 권리가 있다.

제11조 잡혀도 반드시 유죄라고 볼 수 없다
공정한 재판으로 유죄가 결정될 때까지는 어느 누구도 죄인이 아니다. 자신을 변호할 수 있는 모든 방법을 보장받아야 한다. 또한 사람은 죄를 지었을 당시에 이미 정해져 있는 법률에 따라서만 벌을 받는다. 나중에 만들어진 법률로는 처벌할 수 없다.

제12조 나만의 세상을 가질 수 있다
개인의 사생활, 가족, 집, 편지나 전화 같은 통신에 대하여 누구도 함부로 간섭할 수 없다. 개인의 명예와 신용에 상처를 주어서는 안 된다. 만약 그런 일이 있을 때는 법의 보호를 받을 수 있다.

제13조 떠나고 돌아올 수 있다
우리는 모두 지금 살고 있는 나라 안에서 어디든 오고 갈 수 있으며, 살고 싶은 곳에서 살 수 있다. 어떤 나라에서도 떠날 수 있고, 또 자기 나라로 돌아갈 수 있는 권리가 있다.

제14조 도망치는 것도 권리다
누구나 괴롭힘을 당하면 다른 나라로 떠나서 피난처를 찾을 권리가 있다. 그러나 그 사람이 누가 보아도 나쁜 범죄를 저지른 경우는 제외된다.

제15조 어느 나라 사람이든 될 수 있다
우리는 누구나 한 나라의 국민이 될 권리가 있으며, 국적을 바꿀 권리도 있다. 누구도 함부로 나의 국적을 빼앗거나 국적을 바꿀 권리를 방해할 수 없다.

제16조 사랑하는 사람끼리 살 수 있다
어른이 되면 누구나 결혼하여 가정을 꾸릴 수 있다. 인종, 국적, 종교를 이유로 제한을 해서는 안 되며, 결혼할 사람 둘 사이의 자유로운 동의에 의해서만 결혼할 수 있다. 결혼할 때나, 가정생활을 할 때나, 또는 이혼할 때에도 남자와 여자는 동등한 권리를 갖는다. 가정은 나라의 보호를 받는다.

제17조 재산을 가질 수 있다
사람은 누구나 혼자 또는 다른 사람과 함께 재산을 가질 수 있다. 재산은 함부로 빼앗기지 않아야 한다.

세계 인권 선언문

제18조 생각하는 것은 자유다
우리는 누구나 사상, 양심, 종교의 자유를 누릴 권리가 있다. 스스로 자유롭게 생각할 수 있고, 생각을 바꿀 수도 있으며, 혼자서 또는 여럿이 함께 생각을 표현할 수도 있다.

제19조 표현하는 것도 자유다
우리는 누구나 의견을 가질 수 있고 또 표현할 수 있다. 누구도 그것을 방해해서는 안 된다. 사람은 누구나 모든 매체를 통해 국경을 넘어서 다른 나라 사람들과 정보와 의견을 교환할 수 있다.

제20조 모일 수 있다
우리는 누구나 평화롭게 집회를 열고 단체를 만들 자유가 있다. 그러나 싫어하는 사람에게 소속될 것을 강요할 수는 없다.

제21조 선거할 수 있다
우리는 모두 선거를 통해 정치에 참여할 권리를 가진다. 또한 누구나 공무원으로 임명받거나 선출될 수 있다. 선거는 올바르고 평등하게 이루어져야 하며, 누구에게 표를 찍는지는 비밀로 할 수 있다.

제22조 사회 보장 제도를 누릴 수 있다
우리는 모두 사회의 일원으로서 사회 보장 제도를 누릴 권리가 있다. 각 나라의 구조와 자원에 따라서, 또한 국제 협력을 통해서 사람답게 살 권리를 실현할 수 있다.

제23조 마음 놓고 일할 수 있다
모든 사람은 직업을 자유롭게 골라서 일할 권리가 있다. 노동 조건은 일하는 사람에게 공정하고 유리해야 하며, 일터를 잃지 않도록 보호받을 권리가 있다. 같은 노동에 대해서는 차별 없이 같은 임금을 받아야 한다. 일에 대한 대가는 일한 사람과 그 가족이 인간다운 생활을 누릴 수 있는 수준이어야 한다. 일하는 사람의 이익을 보호하기 위하여 노동조합을 만들고 참여할 권리를 보장받아야 한다.

제24조 쉬는 것도 중요하다
사람에게는 쉴 권리가 있다. 무한정 일하지 않도록 노동 시간은 합리적으로 제한되어야 하며, 정기적인 유급 휴가를 포함하여 휴식과 여가를 누릴 권리가 있다.

세계 인권 선언문

제25조 적합한 생활 수준을 누릴 수 있다
누구에게나 가족과 함께 건강하고 행복하게 살아갈 권리가 있다. 이 권리를 위하여 실업, 질병, 장애, 배우자와의 사별, 노령을 비롯해 자신이 어찌할 수 없는 상황에서는 나라가 제공하는 사회 보장 제도를 누릴 권리를 갖는다. 또한 어머니와 아이는 특별한 보살핌과 도움을 받을 권리가 있다.

제26조 배울 수 있다
누구나 교육을 받을 수 있다. 초등 기초 단계의 교육은 무료여야 한다. 기술 교육과 직업 교육은 원하는 누구나 받을 수 있어야 하며, 고등 교육은 실력이 있는 모든 사람에게 평등하게 개방되어야 한다. 우리는 교육을 통해 인격을 발전시키고, 사람의 권리와 자유가 소중하다는 것을 배워야 한다. 그리고 전 세계 모든 나라와 모든 인종과 모든 종교 간에 서로를 이해하고 우호적으로 지내는 법을 배워야 한다.

제27조 즐거운 생활
누구나 자유롭게 문화 생활에 참여하고 예술을 감상할 권리가 있으며, 과학의 진보와 그 혜택을 나눠 가질 권리가 있다. 또한 사람은 자기가 만들어 낸 과학·문학·예술의 산물에서 나오는 이익을 보호받을 권리가 있다.

제28조 이 선언이 바라는 세상
우리 모두에게는 이 선언에 선포된 권리와 자유를 충분히 실현할 수 있는 사회적, 국제적 질서를 누릴 권리가 있다.

제29조 우리의 의무
우리에게는 모든 사람의 자유와 권리를 지키고 살기 좋은 세상을 만들기 위해 노력할 의무가 있다. 다른 모든 사람의 권리와 자유를 존중하기 위하여, 꼭 필요한 경우에만 우리의 자유와 권리가 법률에 따라 제한된다.

제30조 권리를 짓밟는 권리는 없다
이 선언에서 말한 어떤 권리와 자유도 다른 사람의 권리와 자유를 짓밟기 위해 사용될 수 없다. 누구에게도, 어떤 나라에도 남의 권리를 파괴할 목적으로 자신의 권리를 사용할 권리는 없다.

ⓒ 인권교육센터 '들', 윤정주, 2012

초판 1쇄 발행 2012년 2월 20일 | 초판 7쇄 발행 2023년 6월 22일
펴낸이 임선희 | 펴낸곳 ㈜책읽는곰 | 출판등록 제2017-000301호
주소 서울시 마포구 성지1길 43 | 전화 02-332-2672~3 | 팩스 02-338-2672
홈페이지 www.bearbooks.co.kr | 전자우편 bear@bearbooks.co.kr | SNS Instagram@bearbooks_publishers
만든이 우지영, 우진영, 김선현, 김나연, 최아라, 홍은채 | 꾸민이 신수경, 김지은, 김세희 | 가꾸는이 정승호, 고성림, 전지훈, 김수진, 백경희, 민유리 | 함께하는 곳 이피에스, 두성피앤엘, 월드페이퍼, 해인문화사, 으뜸래핑, 도서유통 천리마
ISBN 978-89-93242-59-1, 978-89-93242-52-2(세트)

이 책은 환경보호를 위해 재생종이를 사용하여 제작하였으며
한국간행물윤리위원회가 인증하는 녹색출판 마크를 사용하였습니다.